Verlag: Little Boo Publishing (2018)

ISBN: 978-1-9164177-4-8

Von der Autorin des Buches *Ben gibt seinen Schnuller auf.*

little boo publishing

Mia gibt ihren Schnuller auf

von Jenny Album Illustrationen von Claire Keay

little boo publishing

Mia hat einen Schnuller,
den sie die GANZE Zeit im Mund hat.

Sie hat ihn im Mund, wenn sie spielt...

Sie hat ihn im Mund, wenn sie abends ins Bett geht...

Und manchmal hat sie ihn sogar im Mund, wenn sie badet!

Eines Tages sagt Mama: „Mia, du bist schon viel zu groß für einen Schnuller. Schnuller sind was für kleine Babys. Und du bist doch kein kleines Baby mehr.“

„Außerdem: Wenn du zu viel schnullerst, stehen Deine Zähne irgendwann raus. Wenn du nicht aufpasst, siehst du noch aus wie ein Kaninchen.“

Mia stellt sich vor, wie sie wohl als Kaninchen aussähe.
Und das gefällt ihr gar nicht!

Und Mama hat Recht.
Mia ist die *Einzige* unter ihren Freunden,
die noch einen Schnuller hat.

„Aber was soll ich denn machen?“, fragt Mia.
„Wir geben sie natürlich der Schnullerfee!“, schlägt Mama vor.

Am nächsten Tag laufen Mia und Mama durch das ganze Haus und sammeln alle Schnuller ein.

Sie finden einen Schnuller ganz unten in der Spielzeugkiste...

Sie finden einen Schnuller
hinter den Sofakissen...

Sie finden sogar einen Schnuller
unter dem Klavier.
(Er ist ganz staubig.)

Am selben Abend steckt Mia alle Schnuller in einen großen braunen Umschlag, den sie dann vor ihre Zimmertür legt.

Mama erklärt Mia, dass, wenn sie schön brav und mit einem Lächeln im Gesicht ins Bett geht, sie vielleicht sogar von der Schnullerfee ein tolles Geschenk am nächsten Morgen erhält...

Mia geht, mit einem Lächeln im Gesicht, ins Bett und schläft schon bald ein.

In der Nacht wacht Mia plötzlich auf und sieht auf ihrer Nachttischlampe eine klitzekleine Fee sitzen!

„Hallo," sagt die Fee,
„ich bin die Schnullerfee, und ich bin gekommen,
um all deine Schnuller mit ins Feenland zu nehmen."

„Warum?", fragt Mia.

„Weißt du," antwortet die kleine Fee, „wir Feen brauchen
die Schnuller für ganz verschiedene Dinge...".

„Manchmal verwenden wir sie als Boote,
wenn wir auf dem Fluss segeln.“

„Und die Feenkinder verwenden sie als Karussells auf dem Feenspielplatz, damit sie sich im Kreis drehen können.“

„Und wenn es im Feenland regnet,
benutzen viele Feen die Schnuller
als Regenschirm.“

„Wow!“, ruft Mia. „Das wusste ich ja gar nicht!“

Mia überlegt kurz. „Aber Schnullerfee...,“ sagt Mia. „Ich weiß, dass die Feen die Schnuller wirklich brauchen, und ich gebe sie auch gerne her. Aber... ähm... ich will *wirklich* auch meinen Schnuller!“

Da sagt die Schnullerfee: „Da brauchst du dir keine Sorgen zu machen, Mia. Jedes Mal, wenn dir dein Schnuller fehlt, denke einfach ganz fest an etwas leckeres zu Essen. Dann werde ich mit meiner Zauberkraft dafür sorgen, dass du den leckeren *Geschmack* in deinem Mund hast.“

Dann schwingt die Schnullerfee ihren Zauberstab, und Mia schläft tief und fest ein.

Als Mia aufwacht, ist der Umschlag vor ihrer Zimmertür verschwunden. Und anstelle des Umschlags liegt da ein kleines Geschenk von der Schnullerfee!

Mia ist sehr glücklich.

An diesem Tag vermisst Mia ihren Schnuller gar nicht.
Aber am Abend, als sie ins Bett geht,
fehlt er ihr doch ein kleines bisschen.

Als sie im
Bett liegt,
entschließt sich
Mia, ganz fest
an warmes
Toastbrot mit
Butter und
Honig zu
denken.

Und was passiert? Ganz plötzlich
kann sie den Honig in ihrem Mund tatsächlich *schmecken*.

Am nächsten Abend, als Mia ihren Schnuller vermisst, denkt sie an eine leckere, cremige Bananenmilch!

Und am nächsten Abend denkt sie an...
Nun, sie denkt kaum noch an etwas,
denn sie schläft sofort tief und fest ein.

Die kleine Fee schwebt in der Ecke von Mias Zimmer.
Lächelnd winkt sie Mia zum Abschied zu.

Ihr Zauber hat gewirkt...

Printed in Poland
by Amazon Fulfillment
Poland Sp. z o.o., Wrocław

87242483R00016